감성적 창의 주도성 향상 프로그램

몰입을 유지하자

Flow

E-CLIP ⑤

감성적 창의 주도성 향상 프로그램

몰입을 ^{Flow}
유지하자

초판 1쇄 인쇄 2022년 8월 8일
초판 1쇄 발행 2022년 8월 8일

지은이 송인섭
펴낸이 김선식

경영총괄 김은영
책임편집 박슬기   **디자인** 차다운   **책임마케터** 이석원
연구개발팀장 김재민   **연구개발팀** 박슬기, 차다운, 장민지, 조아리
콘텐트리팀 김길한, 임인선, 이석원, 윤기현
저작권팀 한승빈, 김재원, 이슬
재무관리팀 하미선, 윤이경, 김재경, 오지영, 안혜선
인사총무팀 김혜진, 황호준
제작관리팀 박상민, 최완규, 이지우, 김소영, 김진경, 양지환
물류관리팀 김형기, 김선진, 한유현, 민주홍, 전태환, 전태연, 양문현, 최창우

펴낸곳 다산북스   **출판등록** 2005년 12월 23일 제313-2005-00277호
주소 경기도 파주시 회동길 490
전화 02-704-1724   **팩스** 02-703-2219   **이메일** dasanbooks@dasanbooks.com
홈페이지 www.dasanbooks.com   **블로그** blog.naver.com/dasan_books
다산전인교육캠퍼스 www.dasaneducation.co.kr
종이 IPP   **인쇄** 민언프린텍   **제본** 국일문화사

ISBN 979-11-306-9112-1 (64370)
      979-11-306-9107-7 (세트)

감성적 창의 주도성 향상 프로그램

E-CLIP ⑤

몰입을 유지하자

Flow

송인섭 지음

AI 시대 자기주도학습 세계적 권위자 송인섭 교수의 20년 연구 완결판!

다산스마트에듀

1. 송인섭 교수

　세계적인 자기주도학습법 권위자인 송인섭 교수는 숙명여대에서 35년 간 교수로 재직했으며, 현재 동 대학교 명예교수이자 다산전인교육캠퍼스 원장을 맡고 있습니다. 또한 한국교육심리연구회 회장, 한국교육평가학회 회장, 한국영재연구원 원장과 AERA(American Educational Research Association)에서 발행하는 학술지의 논문심사위원을 역임했으며, 70여 권의 교육 저서를 집필했습니다.

　송인섭 교수는 주입식 교육이 일반적이었던 한국 교육에 자기주도학습이라는 개념을 최초로 도입해 확산하였으며, EBS〈교육실험 프로젝트 - 스스로 공부하는 아이 만들기〉, 〈공부의 왕도〉, 〈교육 마당〉 등에 출연하여 자기주도학습의 효과를 입증하였습니다. 그리고 이 내용을 담은 《공부는 전략이다》는 부모 및 교육 관계자들에게 수십만 부 이상 판매되며, 교육계에 새로운 패러다임을 가져왔습니다. 이후로도 20여 년간 《공부는 실천이다》, 《와일드》, 《혼공의 힘》 등 교육 분야의 도서를 출간하고 자기주도학습 강연을 하며 한국 교육을 이끌고 있습니다.

　또한 송인섭 교수는 다양한 학습 프로젝트를 수행하며 수십만 명이 넘는 학생과 학부모, 교사를 만나 자기주도적 공부 전략을 소개하고 상담했습니다. 이 과정에서 많은 아이가 공부에 실패를 겪고 상처받는다는 공통점을 발견하였습니다. 아이들은 자신에게 맞는 공부법만 찾으면 충분히 극복할 수 있는 문제임에도 해결 방법을 몰라 고민하고 있었습니다. 이들을 위해 송인섭 교수는 수십만 건의 실제 학습 문제 상황을 수집하고 연구하였습니다. 그 결과 자기주도학습을 바탕으로 각자의 상황에 맞춰 공부하는 힘을 기르는 새로운 학습 프로그램인 《E-CLIP》을 개발하였고, 이 프로그램을 여러 심리 센터에 적용해 높은 성과를 얻고 있습니다.

'**E-CLIP**(Emotional Creative Leadership Improvement Program)'은 실제 교육 현장에서 총 8,950명의 학습자를 대상으로 20년 동안 관찰과 실험, 상담을 통해 얻은 빅데이터로 개발한 '감성적 창의 주도성 향상 프로그램'입니다. 프로그램 연구와 개발에는 자기주도학습법 권위자 송인섭 교수와 다수의 교육심리학 전문 연구진이 참여했습니다.

2. 심리 검사 및 교재 연구

전문 연구 위원(가나다순)

- 김수란 우석대 교수
- 김희정 대구대 교수
- 성소연 호서대 교수
- 이희연 한국교육개발원 책임
- 정유선 아주대 교수
- 최지혜 을지대 교수

- 김누리 목포해양대 교수
- 남궁정 숙명여대 교수
- 안혜진 수원여대 교수
- 정숙희 숙명여대 교수
- 최보라 숙명여대 교수
- 한윤영 숭실대 교수

- 김은영 루터대 교수
- 박소연 숙명여대 교수
- 육진경 루터대 교수
- 정미경 한경대 교수
- 최영미 한경대 교수

3. 심리 검사 및 교재 개발

개발 총괄

- 김영아 다산전인교육캠퍼스 부원장

개발 위원

- 이상섭 건양대학교병원 의학과
- 최이선 닥터맘심리연구소 소장

E-CLIP

Emotional Creative Leadership Improvement Program

감성적 창의 주도성 향상 프로그램

4차 산업혁명 시대에 사회가 바라는 인재상과 역량은 기존과는 전혀 다릅니다. 현존하는 많은 직업이 인공지능(AI)으로 대체되고, 새로운 직업군이 만들어지는 등 직업의 개념이 바뀔 것입니다. 우리는 이런 변화에 대처하기 위해서는 자신만의 특성을 찾고 고유한 능력을 개발해야 합니다. 4차 산업혁명 시대를 대비해 '나는 누구인가?', '나는 어떤 능력을 준비해야 하는가?'에 대한 고민이 필요하며, 그 물음에 대한 해답이 바로 'E-CLIP'입니다.

'E-CLIP'은 자기주도학습의 최고 권위자 송인섭 교수와 수십 명의 연구진이 20년 동안 개발한 '자생력 기반 자기주도학습 프로그램'으로 학습자 고유의 감성적 창의성을 계발하여 스스로 자신이 처한 환경 전반을 이끌어 갈 수 있는 인재를 기르는 교육입니다. E-CLIP의 바탕을 이루는 '자생력(감성적 창의성)'은 하늘에서 뚝 떨어진 새로운 개념도 천재적인 번뜩임 같은 특출한 능력도 아닙니다. 누구나 교육으로 익힐 수 있는 능력입니다. '자생력(감성적 창의성)'은 공부의 기틀을 다지는 힘이며 이것은 기계와 차별화되는 인간만의 본성인 감성에 일상의 다양한 문제와 활동을 새롭게 배열하고 통합하고 연결하는 창의성을 더한 개념입니다. 즉, 인공지능에는 없는 인간다움, 인간만이 할 수 있는 능력인 생각하는 능력, 상상력, 문화, 예술, 철학, 역사의식, 신념과 꿈을 실현하려는 확고한 의지 등이 바로 '자생력(감성적 창의성)'입니다.

E-CLIP 학습자가 된다는 것은 첫째, 학습의 주도권이 외부 환경으로부터 학습자에게 옮겨오는 것을 뜻합니다. 학업 성취 수준과 관계없이 스스로 학습하는 습관을 형성하고 위기를 극복하는 내적인 힘을 키우는 것입니다. 이 내적인 힘은 학습자가 경험하는 다른 상황에도 전이되어 학습자의 내면적 성장을 돕습니다. 둘째, 학습 성향 진단을 통해 문제점을 보완하고 자신에게 맞는 방향을 찾아 잠재 능력을 개발할 수 있습니다. 셋째, 학습자들은 학습 행동을 주도하는 과정을 통해 학습 몰입 경험을 하게 되며 자기 생각을 표현하고 다른 사람과 소통할 수 있는 능력을 기르게 됩니다. 이렇듯 자생력을 기반으로 하는 E-CLIP은 자신의 목표와 가치를 온전히 펼칠 수 있는 최선의 방법이며 전인적 자아실현을 통해 행복한 삶의 길을 열어 줄 것입니다.

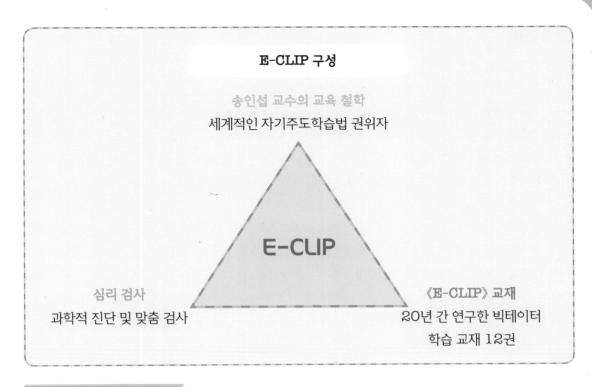

송인섭 교수의 교육 철학

세계적인 자기주도학습법 권위자

　송인섭 교수는 지나친 사교육으로 교육의 본질에 대한 심각한 문제가 대두되던 시기에 자기주도학습을 통해 한국 교육에 변화를 불러일으켰습니다. 그 후 수십 명의 전문 연구진과 교육심리학 이론을 배경으로 학습자들을 개별 관찰, 상담하며 학습자가 공부를 하는 이유와 배경이 무엇인지 찾는 과정에서 자생력이라는 개념을 새롭게 정의했습니다.

　송인섭 교수의 교육 철학이 그대로 담긴 자생력은 인간만의 고유한 능력인 감성에 창의성을 겸비한 것으로, 심리학에서 가져온 개념입니다. 자생력의 뿌리가 되는 구성인자는 통찰력 있는 창의성, 통찰력 있는 융합, 통찰력 있는 리더십입니다. 통찰은 개개인의 능력이나 환경에 좌우되지 않고 경험의 축적과 노력 여하에 따라 향상될 수 있는 지극히 감성적인 요소입니다. 통찰 위에 창의적인 생각이 움트고, 정보와 지식을 연결하는 융합적 사고와 사회적 리더십을 발휘할 때 비로소 자생력이 완성됩니다.

　이를 바탕으로 개발된 'E-CLIP'은 세계적인 자기주도학습법 권위자 송인섭 교수의 20년 연구 결정체입니다. 자생력을 과학적으로 측정하기 위한 심리 검사와 자생력을 증진하고 계발하기 위한 《E-CLIP》 교재의 상호작용을 통해 학습자의 '공부하는 힘'을 향상시키고 있습니다.

심리 검사

과학적 진단 및 맞춤 검사

심리 검사는 학습자가 가지고 있는 '감성적 창의 주도성' 수준을 과학적으로 진단해서 현재 강점과 약점을 확인하는 도구입니다. 학습자의 특성을 정확하게 진단하고 이를 토대로 교육 프로그램을 이수하는 데 목적이 있습니다. 학습자는 심리 검사의 개인 맞춤형 성향 분석 및 결과를 바탕으로, 교육심리 전문가와의 1 대 1 상담을 통해 학습 문제를 이해하고 학습 방향을 설계할 수 있습니다.

검사는 종합적 자생력 검사 1종과 동기, 인지, 몰입, 자아존중감 등 개별 검사 5종으로 구성되어 있습니다. 동기 검사는 《E-CLIP》 1권, 인지 검사는 《E-CLIP》 2권과 3권, 동기 심화 검사는 《E-CLIP》 4권, 몰입 검사는 《E-CLIP》 5권, 자아존중감 검사는 《E-CLIP》 6권과 연결되어 있습니다. 그리고 종합적 자생력 검사는 《E-CLIP》 1~12권에 나오는 모든 특성을 점검할 수 있는 검사로, 《E-CLIP》 시작 전과 후에 각각 검사하면 학습자의 '감성적 창의 주도성' 변화를 알아볼 수 있습니다.

심리 검사 방법

심리 검사는 간편하고 빠르게 개인별 수준을 점검할 수 있는 'Short-Form 무료 검사'와 표준화된 검사 시스템인 'Long-Form 심층 검사'로 나뉩니다. 각 검사의 이용 방법은 아래와 같습니다.

Short-Form 무료 검사

다산전인교육캠퍼스 홈페이지(www.dasaneducation.co.kr)에서 PDF 다운로드를 통해 무료로 검사할 수 있습니다. 즉각적인 진단을 통해 바로 《E-CLIP》 학습을 원하는 경우에 추천합니다.

PDF 다운로드

www.dasaneducation.co.kr 접속 〉 심리 검사 〉 Short-Form 무료 검사

Long-Form 심층 검사

다산전인교육캠퍼스 홈페이지(www.dasaneducation.co.kr)에서 오프라인 심층 검사를 신청할 수 있습니다. 전문적인 검사로 학습자의 특성을 깊이 있게 파악하고, 전문가의 상담을 원하는 경우에 추천합니다.

신청 및 이용 방법

www.dasaneducation.co.kr 접속 〉 심리 검사 〉 Long-Form 심층 검사

《E-CLIP》 교재

20년 간 연구한 빅데이터 학습 교재 12권

　《E-CLIP》은 송인섭 교수가 전문 연구진들과 8,950명의 학습자를 대상으로 20년 간 연구한 결과물에 학습 만화 《who?》의 위인 이야기를 더해서, 쉽고 재미있게 감성적 창의 주도성을 높이는 학습서입니다. 본 교재는 1~12권으로 나누어져 있으며, 심리 검사 결과를 바탕으로 학습자 수준에 맞춰 권 별 집중 학습 및 개별 수업을 진행할 수 있습니다.

《E-CLIP》의 주제

권	주제	학습 목표	프로그램		
			학습 동기 향상 프로그램	학습 목표 향상 프로그램	진로 설계 향상 프로그램
1	동기	능동적 학습의 시작	1단계 집중 학습		
2	인지	자생적 인지 학습			
3	인지 심화	인지 능력 향상		2단계 집중 학습	
4	동기 심화	동기 향상 및 유지			
5	몰입	깊은 학습 몰입			
6	자아존중감	내면적 성숙			
7	창의성	창의성 계발			3단계 집중 학습
8	창의성 심화	창의성 학습 확장			
9	감성	감성 계발			
10	감성 심화	정서 발달 촉진			
11	사회성	사회성 계발			
12	사회성 심화	사회성 증진			

1. 도입

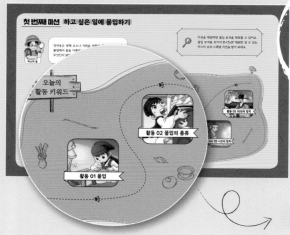

세계 위인과 함께 떠나는 탐험 미션입니다.
미션 속 5가지 활동을 키워드로 살펴봅니다.

활동 키워드로 미션 시작하기

2. 활동

위인 이야기로 활동 알아보기

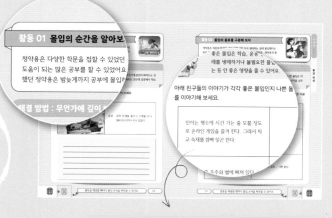

이야기로 흥미를 유발하고, 활동 문
제를 풀면서 E-CLIP 개념을 내재
화합니다.

E-CLIP 개념으로 활동 문제 풀기

1. 전문적이다! 송인섭 교수의 '공부의 힘을 기르는 20년 연구 완결판'

2. 체계적이다! '개인별 진단 심리 검사'와 '맞춤형 학습 교재'로 만나는 진짜 솔루션

3. 재미있다! '학습 만화 《who?》의 위인'과 함께 떠나는 미션 대탐험

3. 평가

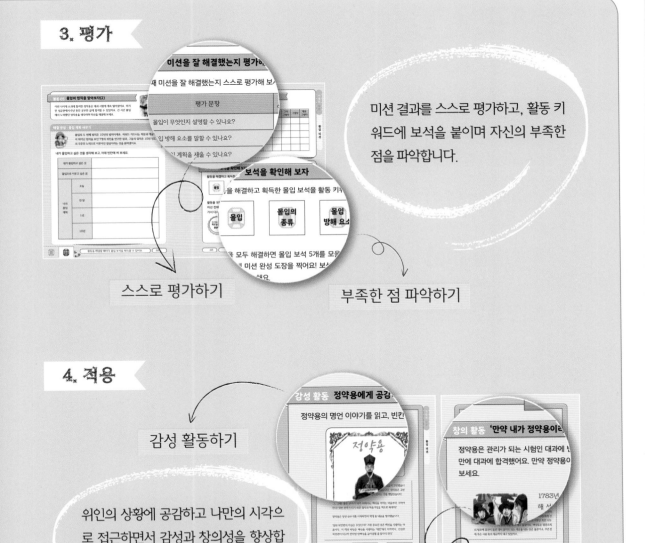

미션 결과를 스스로 평가하고, 활동 키워드에 보석을 붙이며 자신의 부족한 점을 파악합니다.

스스로 평가하기

부족한 점 파악하기

4. 적용

감성 활동하기

위인의 상황에 공감하고 나만의 시각으로 접근하면서 감성과 창의성을 향상합니다.

창의 활동하기

차례

E-CLIP 연구진

E-CLIP 소개

이 책의 구성과 특징

세계 위인과 함께 해결하는

자생력 UP 몰입 미션

세계 위인을 만나는

자생력 UP 몰입 이야기

부록

미션 가이드

세계 위인과 함께 해결하는

자생력 UP

몰입
미션

정약용과 함께 몰입 보석을 모으자!

등장인물

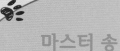

마스터 송

생애 : 미스터리

국적 : 한국

직업 : 아이들이 미션을 해결하는 데
도움을 주는 안내자

정약용

생애 : 1762~1836년

국적 : 한국

직업 : 실학자

주요 업적 : 《목민심서》, 《경세유표》,
《여유당전서》 등을 씀.

정약용과 함께 몰입 보석을 모으자!

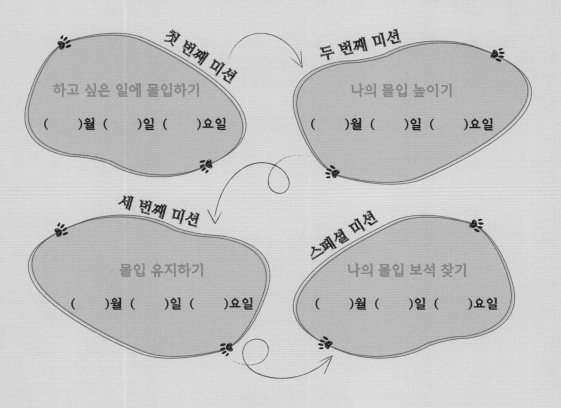

첫 번째 미션
하고 싶은 일에 몰입하기
(   )월 (   )일 (   )요일

두 번째 미션
나의 몰입 높이기
(   )월 (   )일 (   )요일

세 번째 미션
몰입 유지하기
(   )월 (   )일 (   )요일

스페셜 미션
나의 몰입 보석 찾기
(   )월 (   )일 (   )요일

 위인 이야기

정약용은 어릴 때부터 과학과 의학 등 여러 분야를 공부하며 백성을 위하는 마음을 길렀어요. 과거에 급제한 정약용은 정조의 신임을 받았지만, 이를 못마땅하게 여긴 세력의 횡포로 유배를 갔어요. 정약용은 유배지에서도 백성을 위해 참된 관리에 관한 책인《목민심서》를 썼지요.

첫 번째 미션 하고 싶은 일에 몰입하기

마스터 송

정약용은 방해 요소나 어려운 상황이 생겨도 끊임없이 몰입해서 꿈을 이루어 나갔어요. 정약용과 함께 몰입이 무엇인지 알아보면서 미션을 해결해 보세요.

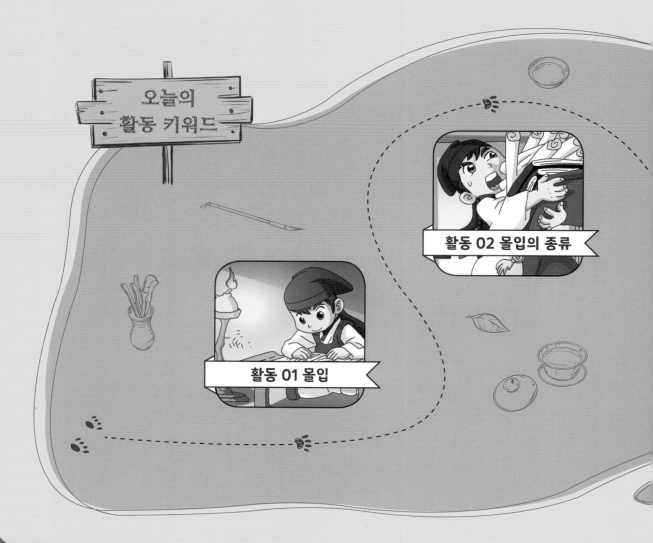

오늘의
활동 키워드

활동 01 몰입

활동 02 몰입의 종류

미션을 해결하면 몰입 보석을 획득할 수 있어요.
몰입 보석을 모아서 E-CLIP 대원만 알 수 있는
마스터 송의 스페셜 미션을 받아 보세요.

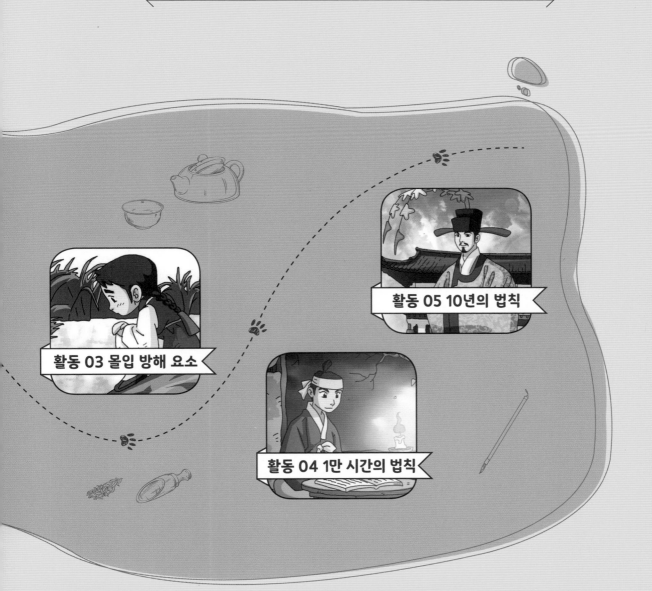

활동 05 10년의 법칙

활동 03 몰입 방해 요소

활동 04 1만 시간의 법칙

정약용은 다양한 학문을 접할 수 있었던 집안 분위기 덕분에 세상살이에 도움이 되는 많은 공부를 할 수 있었어요. 책을 읽고 공부하는 것을 좋아 했던 정약용은 밤늦게까지 공부에 몰입하곤 했지요.

해결 방법 : 무언가에 깊이 빠져들었던 경험 떠올리기

몰입은 긴 시간이 한순간처럼 짧게 느껴질 정도로 무언가에 완전히 빠져드는 경험이에요. 몰입은 잡생각이나 주위의 방해 없이, 원하는 한곳에 집중해서 학습을 더 잘할 수 있어요.

보기 를 살펴보고, 내가 경험해 본 몰입의 순간을 빈칸에 써 보세요.

보기

준호 : 과학 문제를 풀다가 시계를 보니 벌써 2시간이나 지나 있었다.

_____

_____

_____

_____

_____

_____

활동 02 몰입의 종류를 구분해 보자

정약용은 자신의 문집을 내기 위해 글을 쓰고 정리하는 일에 몰입했어요. 늦은 시간까지 글을 정리하고, 많은 글을 연습 삼아 썼지요. 정약용의 몰입은 좋은 몰입인지 나쁜 몰입인지 생각해 보세요.

해결 방법 : 좋은 몰입과 나쁜 몰입 구분하기

좋은 몰입은 학습, 운동 등 나의 꿈과 미래를 위한 몰입이에요. 나쁜 몰입은 미래를 방해하거나 불필요한 몰입으로, 시간을 낭비하게 하고 학업 성적을 낮추는 등 안 좋은 영향을 줄 수 있어요.

아래 친구들의 이야기가 각각 좋은 몰입인지 나쁜 몰입인지 고르고, 그렇게 생각한 이유를 이야기해 보세요.

민아는 평소에 시간 가는 줄 모를 정도로 온라인 게임을 즐겨 한다. 그래서 학교 숙제를 깜빡 잊곤 한다.	좋은 몰입 / 나쁜 몰입
지호는 요즘 우주와 별에 빠져 있다. 미래의 꿈인 천문학자가 되기 위해서 과학을 즐겁게 공부한다.	좋은 몰입 / 나쁜 몰입
배드민턴을 좋아하는 유미는 배드민턴을 칠 때 깊이 집중한다. 학교 공부를 잘하는 것은 아니지만, 배드민턴 선수가 되기 위해 운동을 열심히 하고 있다.	좋은 몰입 / 나쁜 몰입

활동을 해결할 때마다 몰입 보석을 획득할 수 있어요.

정약용은 글을 쓰고 공부를 하다가 어머니와의 추억이 떠올랐어요. 공부에 몰입하다가 중간에 딴생각이 든 적 있나요? 몰입을 방해하는 요소를 생각하며 미션을 해결해 보세요.

해결 방법 : 몰입 방해 요소 찾기

몰입은 긴 시간 집중해야 해요. 몰입하려면 내적, 외적으로 방해 요소가 있는지 판단하고, 방해 요소가 있으면 이를 제거해야 한곳에 깊이 빠져들 수 있어요.

몰입이 끊겼던 경험을 떠올려 보고, 빈칸에 들어갈 내용을 써 보세요.

예)

몰입이 끊겼던 경험	시험공부를 하다가 시험을 잘 보지 못했을 때가 떠올라 집중이 끊겼다.
몰입 방해 요소	시험 점수가 잘 나오지 않을 것 같은 두려움이 몰입을 방해했다.
방해 요소를 없앨 방법	두려움이라는 방해 요소를 상상 속의 블랙홀에 던져서 없앨 것이다. 완벽하지 않아도 열심히 한 것만으로 충분하다.

몰입이 끊겼던 경험	
몰입 방해 요소	
방해 요소를 없앨 방법	

활동을 해결할 때마다 몰입 보석을 획득할 수 있어요.

활동 04 몰입의 법칙을 알아보자(1)

정약용은 아버지처럼 백성들을 도와주는 관리가 되겠다고 다짐하고, 과거 시험을 준비했어요. 그리고 정약용은 사람들이 두려워하던 폐가를 보수해서 홀로 머물며 긴 시간 공부에 몰입했지요.

해결 방법 : 몰입의 중요성 알기

몰입의 첫 번째 법칙은 1만 시간의 법칙이에요. 어떤 분야의 전문가가 되려면, 최소 1만 시간 정도의 연습이 필요하다는 것이에요. 1만 시간은 매일 3시간씩 연습하면 약 10년, 매일 10시간씩 연습하면 약 3년이 걸려요.

몰입과 관련된 글을 읽고, 괄호에 들어갈 말을 골라 보세요.

미국의 심리학자인 안데르스 에릭슨은 성공에 필요한 시간을 알아보는 연구를 했습니다. 에릭슨은 음악 아카데미에서 바이올린을 배우는 학생들을 현재의 능력에 따라 나누고, 각 학생이 지금까지 얼마나 많은 연습을 했는지 조사했습니다. 그 결과, 매우 우수한 학생들은 지금의 실력을 가지기까지 1만 시간의 노력이 들었습니다. 그런데 특출나진 않지만 바이올린을 잘 다루는 학생들은 7~8천 시간, 상대적으로 평범한 학생들은 3~4천 시간 정도를 연습했다는 것을 알았습니다. 중요한 점은 천재로 불릴 만큼 뛰어난 재능을 가졌어도 연습 없이 세계적인 바이올리니스트가 될만한 실력을 보인 사람은 전혀 없었다는 것입니다. 따라서 어떤 분야에서 특출난 능력을 보이려면, 약 1만 시간의 (㉮)이 필요합니다.

① 능력   ② 재능   ③ 연습   ④ 흥미

활동을 해결할 때마다 몰입 보석을 획득할 수 있어요.

어린 나이에 소과에 합격한 정약용은 대과 시험에 계속 떨어졌어요. 하지만 성균관에서 6년 동안 공부한 끝에 합격할 수 있었지요. 긴 시간 몰입해서 노력했던 정약용을 생각하며 미션을 해결해 보세요.

해결 방법 : 몰입 계획 세우기

몰입의 두 번째 법칙은 10년의 법칙이에요. 하워드 가드너는 학문과 예술에서 뛰어난 업적을 보인 7명의 위인을 연구한 결과, 그들의 업적은 10년 정도의 꾸준한 노력으로 이루어진 결실이라는 것을 밝혀냈어요.

내가 몰입하고 싶은 것을 생각해 보고, 아래 빈칸에 써 보세요.

내가 몰입하고 싶은 것		
몰입으로 이루고 싶은 꿈		
나의 몰입 계획	오늘	
	한 달	
	1년	
	10년	

미션 평가　미션을 잘 해결했는지 평가해 보자

첫 번째 미션을 잘 해결했는지 스스로 평가해 보세요.

평가 문항	매우 아니다	아니다	그저 그렇다	그렇다	매우 그렇다
1. 몰입이 무엇인지 설명할 수 있나요?					
2. 몰입 방해 요소를 말할 수 있나요?					
3. 나의 몰입 계획을 세울 수 있나요?					
4. 첫 번째 미션에 흥미를 가지고 참여했나요?					
5. 첫 번째 미션에 최선을 다하여 참여했나요?					

미션 완성　보석을 확인해 보자

활동을 해결하고 획득한 몰입 보석을 활동 키워드에 맞게 붙여 보세요.

몰입　몰입의 종류　몰입 방해 요소　1만 시간의 법칙　10년의 법칙

활동을 모두 해결하면 몰입 보석 5개를 모을 수 있어요. 보석을 모두 획득하면, 첫 번째 미션 칸에 미션 완성 도장을 찍어요! 보석을 모두 획득하지 못했으면, 그 활동으로 돌아가서 다시 학습해요.

첫 번째 미션 하고 싶은 일에 몰입하기　두 번째 미션 나의 몰입 높이기　세 번째 미션 몰입 유지하기　스페셜 미션 나의 몰입 보석 찾기

자생력 UP

몰입 미션

　활동을 해결하면서 모은 몰입 보석을 모두 붙여 보세요!

두 번째 미션 나의 몰입 높이기

마스터 송

정약용은 어떤 상황에서도 자신에게 생기는 일에 깊이 집중하고, 자세히 관찰했어요. 깊은 몰입을 통해 문제를 해결해 나간 정약용과 함께 미션을 해결해 보세요.

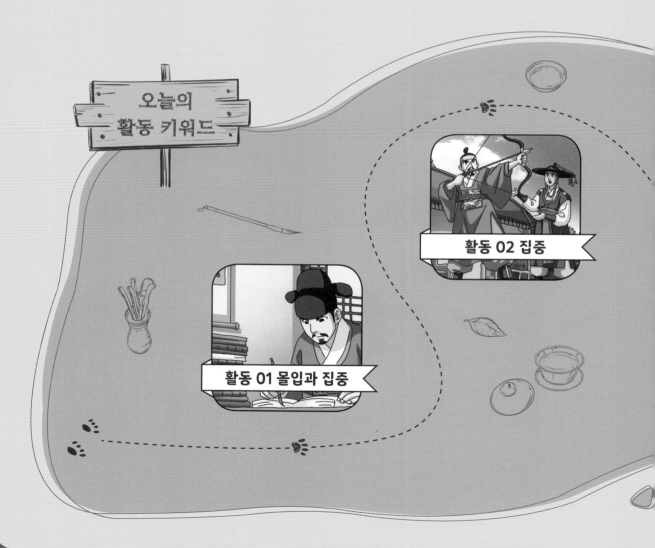

오늘의 활동 키워드

활동 02 집중

활동 01 몰입과 집중

미션을 해결하면 몰입 보석을 획득할 수 있어요.
몰입 보석을 모아서 E-CLIP 대원만 알 수 있는
마스터 송의 스페셜 미션을 받아 보세요.

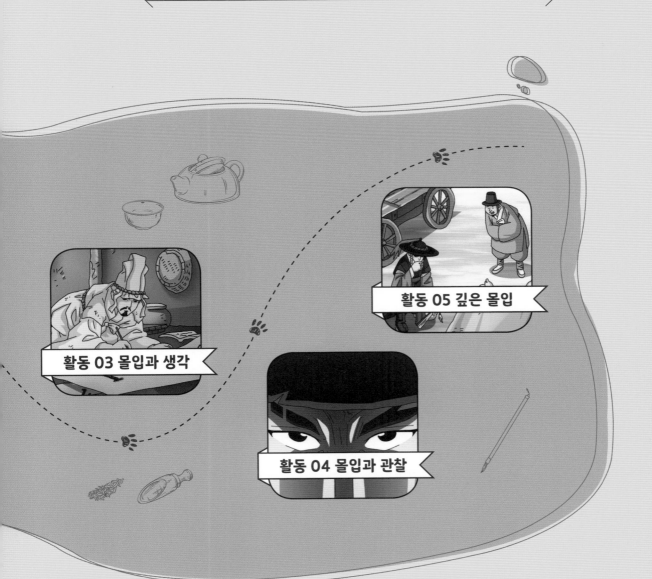

활동 05 깊은 몰입

활동 03 몰입과 생각

활동 04 몰입과 관찰

활동 01 집중으로 몰입을 시작하자

관직에 오른 정약용은 신하들에게 《논어》에 관해 설명해야 했어요. 정약용은 짧은 시간에 많은 양을 공부해야 했지만, 높은 집중력으로 《논어》를 공부해서 설명을 무사히 마쳤지요.

해결 방법 : 몰입과 집중 이해하기

몰입은 한 가지 일에 모든 힘을 쏟아붓는 집중을 통해 경험할 수 있어요. 집중은 마음을 하나로 모으고 조정해서 버티는 힘이지요. 그래서 내가 목표하는 일에 집중하는 것이 몰입의 시작이에요.

몰입을 높이는 집중 5계명을 큰 소리로 읽어 보세요.

집중 5계명

1. 집중은 마음을 하나로 모으는 능력이다.

2. 집중은 행동으로 나타나는 관심이다.

3. 집중은 마음을 조정하는 힘이다.

4. 집중은 버티는 능력이다.

5. 집중은 관심을 두고 있는 그 순간의 생각과 감정을 알고 관리하는 것이다.

나는 어떤 일에 집중하는지 아래에 써 보세요.

_____

_____

활동을 해결할 때마다 몰입 보석을 획득할 수 있어요.

활동 02 그림에 집중해 보자

정조는 문신들을 훈련도감에 가두고, 활쏘기 연습을 시켰어요. 활쏘기는 집중력과 체력을 기르고, 무신의 마음도 알 수 있는 훈련이었지요. 정약용은 활쏘기를 반복해서 연습한 끝에 훈련도감을 나올 수 있었어요.

해결 방법 : 그림 속에서 정답 찾기

집중력은 사람마다 다르지만, 누구나 반복 학습을 통해 집중력을 높이고 몰입 능력을 기를 수 있어요. 몰입 능력을 키우는 방법에는 그림 속 정답 찾기, 끝말잇기, 같은 그림 찾기, 스토리텔링 등이 있어요.

그림을 집중해서 살펴보고, 30초 안에 아래 질문에 알맞은 답을 써 보세요.

1. 강아지는 모두 몇 마리인가요?

2. 리본을 매고 있는 강아지는 몇 마리인가요?

활동을 해결할 때마다 몰입 보석을 획득할 수 있어요.

정약용은 수원 화성을 설계하면서 성이 공격과 방어에 유리한지, 상업에 편리한지, 위급할 때 지원이 쉬운지 등을 깊이 생각했어요. 수원 화성을 짓는 데 몰입했던 정약용을 떠올리면서 미션을 해결해 보세요.

해결 방법 : 끝말잇기 완성하기

끝말잇기는 앞 단어의 끝음절을 첫음절로 하는 단어를 이어나가는 놀이예요. 앞의 단어에 집중하고 다음 단어를 깊이 생각하는 과정에서 몰입을 높일 수 있어요.

빈칸에 알맞은 단어를 써서 끝말잇기를 완성해 보세요.

활동 04 같은 그림을 찾아보자

정약용은 경기도 북부에 암행어사로 파견되어 탐관오리를 조사했어요. 정약용은 정조의 눈과 귀가 되어 백성의 생활을 꼼꼼히 관찰하고, 백성의 어려움을 살피는 데 집중했지요.

해결 방법 : 그림에 집중해서 관찰하기

같은 그림 찾기는 여러 그림의 특징을 살펴보면서 똑같은 모양을 찾아내는 것으로 관찰력과 집중력을 기르는 두뇌 훈련이에요.

아래 양말 중에는 똑같은 양말 한 쌍이 있어요. 양말 한 쌍을 골라 보세요.

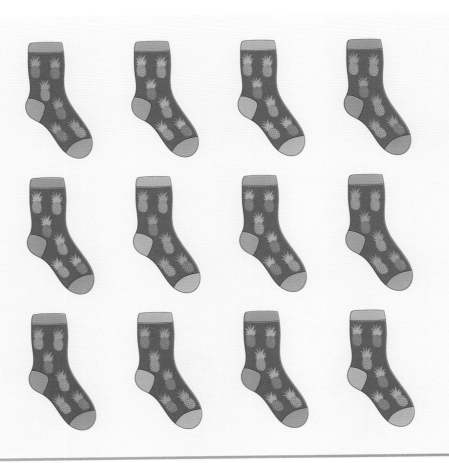

활동을 해결할 때마다 몰입 보석을 획득할 수 있어요.

곡산 부사가 된 정약용은 사건이 벌어지면 자세하게 조사하고 관찰한 다음, 그 상황에 깊이 몰입해서 문제를 해결했어요. 정약용이 어떤 사건에 몰입해서 문제를 해결했는지 스토리텔링을 통해 이해해 보세요.

해결 방법 : 스토리텔링 이해하기

스토리텔링은 상대방에게 알리고자 하는 내용을 재미있는 이야기로 만들어서 전달하는 것이에요. 스토리텔링은 하고 싶은 이야기와 상대방을 모두 생각해야 해서 깊은 몰입이 필요해요.

보기 의 5가지 사건을 연결해서 스토리텔링을 해 보세요.

보기

① 정약용은 전라도 곡산의 관리였다.

② 곡산 주민 최주변은 같은 주민 민성주가 휘두른 칼에 발목을 찔린 후 죽었다.

③ 최주변의 버선에 피는 묻어 있지만, 버선은 찢어지지 않았다.

④ 상처의 모양으로 보아 일부러 낸 것이 아니었고, 연이어 공격을 입은 흔적이 없었다.

⑤ 정약용은 뛰어난 관찰력과 집중력으로 억울한 사람 없이 사건을 해결했다.

_____

_____

_____

_____

_____

미션 평가 미션을 잘 해결했는지 평가해 보자

두 번째 미션을 잘 해결했는지 스스로 평가해 보세요.

평가 문항	매우 아니다	아니다	그저 그렇다	그렇다	매우 그렇다
1. 몰입에 필요한 집중을 할 수 있나요?					
2. 몰입을 높이는 활동을 할 수 있나요?					
3. 스토리텔링으로 깊은 몰입을 할 수 있나요?					
4. 두 번째 미션에 흥미를 가지고 참여했나요?					
5. 두 번째 미션에 최선을 다하여 참여했나요?					

미션 완성 보석을 확인해 보자

활동을 해결하고 획득한 몰입 보석을 활동 키워드에 맞게 붙여 보세요.

몰입과 집중	집중	몰입과 생각	몰입과 관찰	깊은 몰입

활동을 모두 해결하면 몰입 보석 5개를 모을 수 있어요. 보석을 모두 획득하면, 두 번째 미션 칸에 미션 완성 도장을 찍어요! 보석을 모두 획득하지 못했으면, 그 활동으로 돌아가서 다시 학습해요.

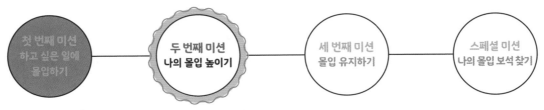

첫 번째 미션 하고 싶은 일에 몰입하기 ─── 두 번째 미션 나의 몰입 높이기 ─── 세 번째 미션 몰입 유지하기 ─── 스페셜 미션 나의 몰입 보석 찾기

활동을 해결하면서 모은 몰입 보석을 모두 붙여 보세요!

세 번째 미션 몰입 유지하기

마스터 송

정약용은 깊은 몰입으로 유배 생활 중에도 《목민심서》를 완성했어요. 정약용과 함께 몰입에 성공하고 몰입을 유지하는 방법을 알아보면서 미션을 해결해 보세요.

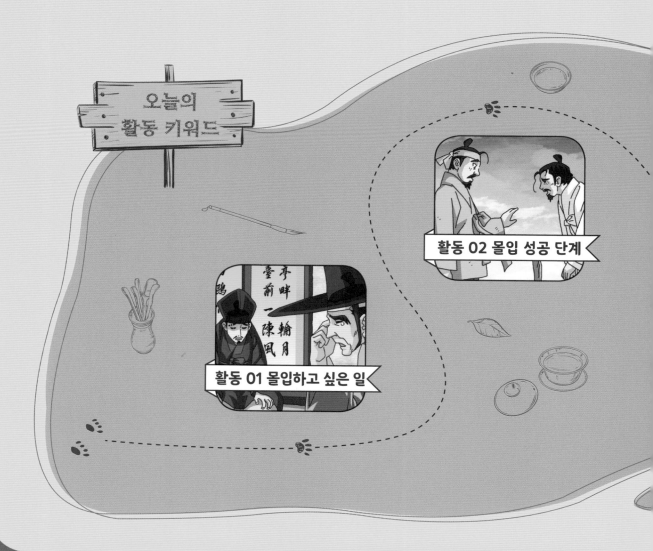

오늘의 활동 키워드

활동 02 몰입 성공 단계

활동 01 몰입하고 싶은 일

미션을 해결하면 몰입 보석을 획득할 수 있어요.
몰입 보석을 모아서 E-CLIP 대원만 알 수 있는
마스터 송의 스페셜 미션을 받아 보세요.

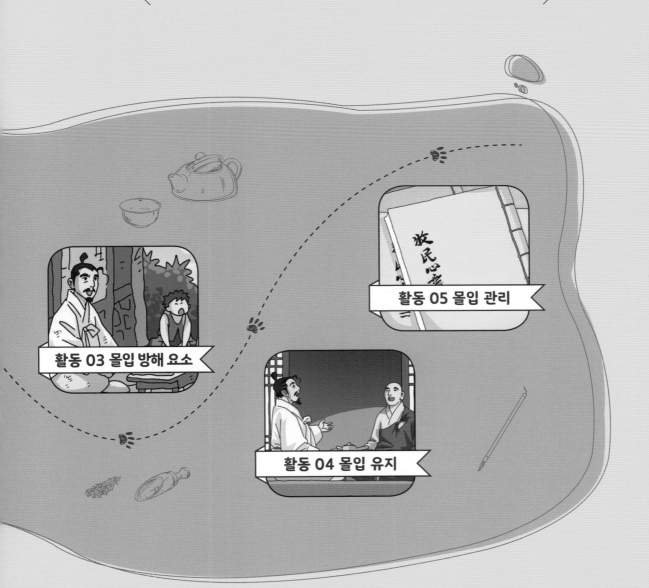

활동 05 몰입 관리

활동 03 몰입 방해 요소

활동 04 몰입 유지

활동 01 몰입에 성공하자(1)

정약용은 역모를 꾸민다는 모함을 받았어요. 정약용은 역모와 관련 없었지만, 정조에게 피해가 될까 봐 고향으로 떠났지요. 하지만 정조의 계속되는 부름에 정약용은 '안 된다'는 생각을 지우고 조정에 돌아가기로 했어요.

해결 방법 : 몰입 성공 단계 쓰기

몰입 성공 단계는 생각을 바꿔서 몰입을 이끌어내는 과정이에요.

몰입하고 싶은 일을 빈칸에 쓰고, 몰입 성공 단계를 따라 내가 해야 할 일을 써 보세요.

몰입하고 싶은 일	
1단계	한 번에 하나씩 주의를 기울이기 예) 알림장을 읽고, 수업 내용을 복습하자. 그다음에 리코더 연습을 해야지.
2단계	머릿속에서 '안 된다'라는 생각 지우기 예) 긴장하지 않고 차분하게 시험을 보면 돼!
3단계	미리 실제와 똑같은 순서로 연습해 보기 예) 시험을 잘 보려면, 우선 복잡한 문제에 익숙해져야겠어.
4단계	최악의 상황에 대비하기 예) 어려운 문제는 선생님께 다시 여쭤봐야겠어.

활동을 해결할 때마다 몰입 보석을 획득할 수 있어요.

34

활동 02 몰입에 성공하자(2)

정약용과 그의 형은 새로운 유배지로 가게 되었어요. 유배지를 향해 같이 가던 형제는 전라도의 어느 포구 앞에서 갈라졌지요. 두 사람은 힘들어도 참고 견디며 세상에 억울함을 알리게 될 날을 기다리자고 약속했어요.

해결 방법 : 몰입 성공 단계 쓰기

5단계	다른 걱정거리 차단하기 예) 지금은 시험 준비에만 집중해야겠어.

6단계	방향을 바꾸는 시간 갖기 예) 5분 정도 차분히 정신을 가다듬은 다음, 다시 집중해야겠어.

7단계	목표에 초점 맞추기 예) 오늘 밤 9시까지 영어 단어 10개를 다 외워야지!

8단계	실수를 바로 고치기 예) 틀린 것을 고르는 문젠데, 맞는 것을 골랐네. 문제를 꼼꼼히 읽어야겠어.

9단계	힘들어도 참고 견디기 예) 힘들어도 시험 전까지 문제집은 다 풀자!

10단계	몰입 상황을 즐기기 예) 내가 공부한 부분이 문제로 나왔네! 이건 쉽게 풀 수 있겠어.

활동을 해결할 때마다 몰입 보석을 획득할 수 있어요.

활동 03 A에서 Z까지 프로그램을 따라 몰입해 보자

오랫동안 유배지에 있었던 정약용은 좋은 관리가 되려는 목표를 당장은 이룰 수 없었어요. 그래서 정약용은 주변의 방해 요소를 없애고 미래의 학자를 키우겠다는 새로운 목표를 세워 백성을 가르쳤지요.

해결 방법 : 'A에서 Z까지 프로그램' 완성하기

'A에서 Z까지 프로그램'은 현재의 목표와 과제를 구체적으로 설정하고 이를 방해했던 생각과 행동을 정리하는 것이에요. 나의 성격과 방해 요소를 알고 변화시켜 나아가는 것이 중요해요.

오늘 할 일 중 하나를 골라 'A에서 Z까지 프로그램'을 이용해 계획을 세워 보세요. 그리고 할 일을 마친 후, 방해 요소가 무엇이었는지 써 보세요.

A에서 Z까지 프로그램

할 일	
목표량	
시작 시각~완료 시각	

방해 요소			
멈추게 하는 생각	멈추고 한 행동	멈추게 한 상황	포기 시간과 횟수

활동을 해결할 때마다 몰입 보석을 획득할 수 있어요.

활동 04 몰입을 유지하자

정약용은 차를 마시면 마음이 편하고 잡생각이 없어진다며 차 마시기를 좋아했어요. 차를 즐기는 일에 몰입한 것이지요. 나는 어떤 일에 긴 시간 몰입할 수 있는지 떠올리며 미션을 해결해 보세요.

해결 방법 : 몰입 유지하기

몰입을 방해하는 요소는 주변 환경이 원인인 경우가 많아요. 특히 과거의 경험과 미래에 대한 걱정이 대표적이지요. 상상과 자기 암시를 활용해서 몰입을 방해하는 요소를 마음속에서 지워야 더 오래 몰입할 수 있어요.

내가 가장 좋아하는 것을 생각해 보고, 아래에 그려 보세요.

내가 가장 좋아하는 것을 5분 동안 계속 생각해 보세요. 다른 생각은 떠올리지 않고, 1가지 생각에만 집중해요. 5분이 지난 후에, 아래 질문에 알맞은 대답을 골라 보세요.

> 5분 동안 1가지 생각에 몰입했나요?

예

아니요

몰입 시간을 10분, 15분으로 점점 늘려서 상상할 수 있도록 연습해 보세요.

몰입을 방해한 것을 이야기해 보고 방해 요소를 없앤 후, 다시 몰입해 보세요.

정약용은 유배지에서 참된 관리에 관한 내용을 《목민심서》로 쓰면서 관심 있는 일에 몰입했어요. 정약용처럼 몰입의 순간을 느껴 본 적 있나요?

해결 방법 : 몰입의 순간 떠올리기

자신이 무언가에 관심을 두고 있는 순간의 생각과 감정을 파악하면, 몰입의 순간을 느낄 수 있어요. 몰입의 순간을 기억하면, 목표에 몰입하고 몰입을 유지하는 데 활용할 수 있어요.

몰입의 순간을 알아보는 표예요. 나에 대해 생각해 보고, 빈칸을 채워 보세요.

순간＼관심	관심 있는 것	관심 없는 것
하고 있는 것	㉮	㉯
하고 있지 않은 것	㉰	㉱

위의 표에 쓴 내용을 바탕으로, 아래 질문에 답을 써 보세요.

1. ㉮에 있는 일을 할 때는 어떤 생각과 감정을 느끼나요?

＿＿＿＿＿＿＿＿＿＿＿＿＿＿＿＿＿＿＿＿＿＿＿＿＿＿＿＿＿＿＿＿＿

2. ㉯에 있는 일을 할 때는 어떤 생각과 감정을 느끼나요?

＿＿＿＿＿＿＿＿＿＿＿＿＿＿＿＿＿＿＿＿＿＿＿＿＿＿＿＿＿＿＿＿＿

3. ㉰에 있는 일을 할 때는 어떤 생각과 감정을 느끼나요?

＿＿＿＿＿＿＿＿＿＿＿＿＿＿＿＿＿＿＿＿＿＿＿＿＿＿＿＿＿＿＿＿＿

4. ㉱에 있는 일을 할 때는 어떤 생각과 감정을 느끼나요?

＿＿＿＿＿＿＿＿＿＿＿＿＿＿＿＿＿＿＿＿＿＿＿＿＿＿＿＿＿＿＿＿＿

미션 평가 미션을 잘 해결했는지 평가해 보자

세 번째 미션을 잘 해결했는지 스스로 평가해 보세요.

평가 문항	매우 아니다	아니다	그저 그렇다	그렇다	매우 그렇다
1. 몰입 성공 단계를 이야기할 수 있나요?					
2. 방해 요소를 없애고 하나의 일에 몰입할 수 있나요?					
3. 나의 몰입을 유지할 수 있나요?					
4. 세 번째 미션에 흥미를 가지고 참여했나요?					
5. 세 번째 미션에 최선을 다하여 참여했나요?					

미션 완성 보석을 확인해 보자

활동을 해결하고 획득한 몰입 보석을 활동 키워드에 맞게 붙여 보세요.

몰입하고 싶은 일	몰입 성공 단계	몰입 방해 요소	몰입 유지	몰입 관리

활동을 모두 해결하면 몰입 보석 5개를 모을 수 있어요. 보석을 모두 획득하면, 세 번째 미션 칸에 미션 완성 도장을 찍어요! 보석을 모두 획득하지 못했으면, 그 활동으로 돌아 가서 다시 학습해요.

첫 번째 미션 하고 싶은 일에 몰입하기 — 두 번째 미션 나의 몰입 높이기 — 세 번째 미션 몰입 유지하기 — 스페셜 미션 나의 몰입 보석 찾기

활동을 해결하면서 모은 몰입 보석을 모두 붙여 보세요!

스페셜 미션 　 나의 몰입 보석 찾기

마스터 송

3가지 미션을 모두 해결하다니 대단해요. 앞의 미션을 완료한 대원에게 주는 마지막 스페셜 미션은 '나의 몰입 보석 찾기'예요. 정약용과 함께 알아본 몰입을 떠올리며 나의 몰입을 완성해 보세요!

탐구 활동
정약용의 몰입을 알아보자

감성 활동
정약용에게 공감하며 명언 카드를 완성해 보자

창의 활동
'만약 내가 정약용이라면?' 상상해 보자

정약용의 몰입을 정리하고, 나의 몰입 알아보기로 연결해 보세요. 긴 시간이 한순간처럼 짧게 느껴질 정도로 무언가에 완전히 빠져드는 몰입이 세상에서 가장 소중한 나만의 보석이에요.

주도성 활동

몰입을 나의 삶과 연결해 보자

향상 활동

친구들에게 몰입을 알리자

정약용을 인터뷰하고 있어요. 인터뷰를 읽고 빈칸에 들어갈 대답을 이야기해 보세요.

안녕하세요, 정약용 선생님. 선생님께서는 《목민심서》, 《경세유표》 등 백성을 위해 많은 책을 쓰셨습니다. 이 중 《목민심서》는 어떤 내용인가요?

《목민심서》는 지방 관리들이 백성을 어떻게 보살펴야 하는지 그 마음가짐에 대해 쓴 책입니다.

역시 현재까지 알려질 만한 책입니다. 선생님께서는 48권이나 되는 《목민심서》를 쓰시면서 어떻게 오랜 시간 글쓰기에 몰입하실 수 있었나요?

그렇군요. 인터뷰 정말 감사드립니다. 마지막으로 선생님의 성공 비결은 무엇이었는지 한마디 해 주십시오.

제 성공 비결은 학문에 관심을 가지고 끊임없이 탐구했던 것입니다. 어린 시절부터 다양한 학문을 좋아했고, 백성들을 돕겠다는 제 꿈을 위해 열심히 공부했습니다. 여러분도 자신이 좋아하는 일을 탐구하고 학습해서 자아실현의 단계까지 나아가기를 바랍니다.

감성 활동 정약용에게 공감하며 명언 카드를 완성해 보자

정약용의 명언 이야기를 읽고, 빈칸에 알맞은 말을 써 보세요.

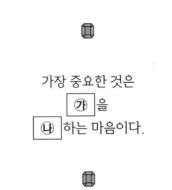

가장 중요한 것은 ㉮ 을 ㉯ 하는 마음이다.

정약용은 탐관오리가 넘쳐나는 세상을 어떻게 바꿀 수 있을지 고민했습니다. 그들은 백성을 보살피는 데는 전혀 관심이 없었습니다. 정약용은 고민 끝에 백성을 직접 돕는 일 말고도 다른 방법이 있다는 것을 깨달았습니다.

'그, 그래! 좋은 관리가 되기 위해서는 백성을 아끼는 마음부터 가져야 한다! 참된 관리가 되기 위한 절차와 마음가짐을 책으로 써내자!'

정약용은 당장 글쓰기를 시작하면서 책에 쓸 내용을 정리했습니다.

'참된 목민관의 자질은 무엇인가? 가장 중요한 것은 백성을 사랑하는 마음이다. 이 책의 바탕은 백성을 사랑하는 '애민'에서 시작하니, 진정한 목민관이 되고자 한다면 만백성을 굽어살필 줄 알아야 한다'

㉮ : [   ]   ㉯ : [   ]

정약용은 관리가 되는 시험인 대과에 번번이 떨어졌지만, 계속 노력한 끝에 6번 만에 대과에 합격했어요. 만약 정약용이 대과를 포기했다면 어떻게 되었을지 써 보세요.

1783년, 정약용은 소과 시험에 우수한 성적으로 합격해 성균관에 들어갔어요. 정약용은 예비 시험 문제를 잘 풀어서 정조의 기대를 한 몸에 받았지요. 1786년, 정약용은 관리가 되는 시험인 대과 1차에 합격했지만, 2차에는 합격하지 못했어요. 정약용을 아꼈던 정조는 정약용을 불러 친히 위로했지요. 하지만 다음 해에도, 그다음 해에도 정약용은 계속해서 대과 시험에 떨어졌어요.

아래와 같은 상황에서 내가 정약용이라면, 어떻게 했을지 써 보세요.

탐관오리가 백성들을 괴롭힌다는 소문이 돌자 정조는 정약용을 암행어사로 보냈어요. 정약용은 흉년으로 굶주리는 백성들을 보고 충격에 빠졌지요. 특히 관리들이 나라에서 준 구휼미를 빼돌리고, 백성들에게 건더기라고는 쌀벌레와 썩은 채소 조각뿐인 죽만 나누어 주는 것을 보고 매우 놀랐어요. 백성들은 탐관오리의 횡포에 흉년이 들면 내지 않아도 되는 세금을 내는 것은 물론이고, 3년 전에 죽은 사람 몫의 세금까지 내고 있었지요.

주도성 활동 몰입을 나의 삶과 연결해 보자

정약용은 높은 집중력으로 학습이나 글 쓰는 일에 몰입했어요. 정약용의 몰입을 떠올리며, 몰입을 나의 삶과 연결해 보세요.

   1. 나에게 몰입은 무엇인지 써 보세요.

      _____

   2. 몰입이 나에게 어떤 행복을 가져다줄지 써 보세요.

      _____

   3. 몰입과 함께하는 삶은 어떨지 상상해서 써 보세요.

      _____

몰입은 경험하는 사람이 무엇을 중요하게 생각하는지에 따라 다르게 작용해요. 나는 몰입으로 어떤 것을 얻고 싶은지 생각해 보고, 나의 몰입에서 중요한 것은 무엇인지 써 보세요.

   예) 나만 할 수 있는 경험, 새로운 세상, 행복의 시작

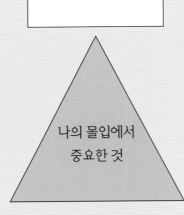

나의 몰입에서 중요한 것

나의 몰입 미션 달성률(%)   20%   40%   60%   80%   100%

친구들에게 몰입을 알리자

몰입 미션을 해결하며, 몰입의 집중력과 몰입을 높이는 방법 등을 알 수 있었어요. 아직 몰입을 모르는 친구들에게 몰입에 대해 홍보하는 글을 써 보세요.

_____

_____

_____

위에 쓴 글을 바탕으로 몰입 프로그램을 직접 만들어 보세요.

프로그램 이름	
목적	
효과	
설명	

미션 평가 미션을 잘 해결했는지 평가해 보자

스페셜 미션을 잘 해결했는지 스스로 평가해 보세요.

평가 문항	매우 아니다	아니다	그저 그렇다	그렇다	매우 그렇다
1. 정약용의 몰입을 설명할 수 있나요?					
2. 나의 몰입을 이야기할 수 있나요?					
3. 나만의 몰입 프로그램을 만들 수 있나요?					
4. 스페셜 미션에 흥미를 가지고 참여했나요?					
5. 스페셜 미션에 최선을 다하여 참여했나요?					

미션 완성 미션을 확인해 보자

활동을 모두 해결하면 스페셜 미션 칸에 미션 완성 도장을 찍어요! 활동을 모두 해결하지 못했으면, 그 활동으로 돌아가서 다시 학습해요.

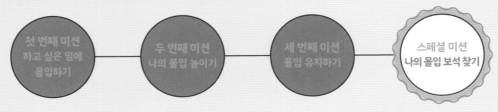

이 단원에서 해결한 몰입 미션을 떠올리며, 나의 자생력은 무엇인지 이야기해 보세요. 자생력은 인공지능과 다른 인간만의 고유한 특성으로, 스스로 주도해서 자아실현의 길로 나아가게 만드는 힘이에요. 나는 자아실현을 위해 어떤 일에 긴 시간 집중해 몰입하고 있나요?

나의 몰입 미션 달성!

* 정약용과 함께 몰입을 알아보았어요. 정약용과 같은 위인이 외계인이 남긴 유적을 발견하면 어떤 일이 일어날까요? 직접 위인이 되어 역할극을 하면서 위인의 마음을 생각해 보세요.

* '세계 위인을 만나는 자생력 UP 몰입 이야기'에서는 아멜리아, 슐리만, 헬렌이 위인 세계에 모여서 몰입과 관련된 이야기를 나누고 문제를 해결해 나가요. 이는 허구적인 내용을 바탕으로 '위인은 몰입을 어떻게 학습할까?'에 대해 상상하여 쓴 창작 대본이에요.

세계 위인을 만나는

자생력 UP

몰입
이야기

위인이 되어 역할극을 해 보자!

마스터 송

생애 : 미스터리

국적 : 한국

직업 : 아이들이 미션을 해결하는 데
도움을 주는 안내자

하인리히 슐리만

생애 : 1822~1890년

국적 : 독일

직업 : 고고학자

주요 업적 : 트로이 유적지를 발견함.

 위인 이야기

슐리만은 어렸을 때부터 호기심이 남달랐어요. 다른 사람들은 트로이 이야기를 신화일 뿐이라고 무시했지만, 슐리만은 오랜 시간 조사해서 끝내 트로이 유적을 발견했지요. 슐리만이 트로이 전쟁의 신화를 진짜 역사로 만든 것이에요.

아멜리아 에어하트

생애 : 1897~1937년

국적 : 미국

직업 : 비행사

주요 업적 : 여성 최초로 대서양 횡단에 성공함.

 위인 이야기

어려서부터 호기심이 많고, 뛰놀기 좋아하던 아멜리아는 비행기를 보고 가슴이 두근렸어요. 그리고 비행기 조종법을 배워서 항공기 조종사가 되었지요. 아멜리아는 여성 최초로 대서양 횡단에 성공했고, 하와이에서 미국 본토로 향하는 태평양 항로를 개척했어요.

헬렌 켈러

생애 : 1880~1968년

국적 : 미국

직업 : 작가, 사회 사업가

주요 업적 : 《헬렌 켈러 자서전》, 《사흘만 볼 수 있다면》 등을 씀.

위인 이야기

어릴 때 뇌척수막염으로 보지도, 듣지도 못하는 장애를 가지게 된 헬렌의 삶은 암흑 그 자체였어요. 하지만 헬렌은 앤 선생님을 만나서 말을 배웠지요. 나아가 책을 쓰면서 세상과 소통할 수 있었어요.

평화로운 위인 세계에는 외계인이 남긴 유적이 있다는 소문이 퍼진다. 고고학에 관심이 많은 슐리만은 아멜리아가 비행기 조종에 뛰어나다는 말을 듣고 아멜리아를 찾아가 함께 유적을 찾자고 한다. 아멜리아가 동의하자, 슐리만과 아멜리아, 아멜리아와 함께 있던 헬렌까지 모두 비행기를 타고 유적지로 떠난다. 긴 비행 끝에 친구들은 거대한 성에 도착한다. 이들은 비행기에서 내려 성을 둘러 보다가, 신비로운 분위기에 이끌려 성안으로 들어간다.

역할극 대본

쾅!

친구들이 성안으로 들어가자마자 성문이 닫힌다.

아멜리아

(깜짝 놀라며) 으악! 문이 닫혔어!

슐리만

(문을 밀어 보며) 문이 정말 꿈쩍도 안 하는데? 우리 성안에 갇혔나 봐.

헬렌

(당황스러운 표정으로) 무슨 일이야?

그때, 곳곳에 달린 스피커가 지지직거리더니 마스터 송의 음성이 들린다.

마스터 송 여러분, 여기는 몰입의 성입니다. 이곳에 들어온 사람은 집중력이 최고 수준에 도달해 깊이 몰입할 때까지 나갈 수 없습니다. 아! 헬렌은 문 앞에 있는 상자 속 인공지능 이어폰을 이용하세요. 다른 사람의 말을 들을 수 있습니다.

아멜리아 (헬렌에게 손 수화로 설명해 주며) 헬렌, 우리 몰입의 성에 갇혔어. 미션을 해결해야 나갈 수 있나 봐. 그리고 문 앞 상자에 특별한 이어폰이 있대!

슐리만 (상자에서 이어폰을 꺼내 헬렌에게 건네며) 이건가 봐. 헬렌, 우리 말 들려?

헬렌 (놀라며) 우아! 진짜 잘 들려.

슐리만 정말 잘됐다! 그럼 이제 몰입해서 탈출해야 한다는 건데….

아멜리아 몰입은 긴 시간이 한순간처럼 짧게 느껴질 정도로 무언가에 완전히 빠져드는 거잖아. 내 생각에는 우리가 집중해서 무언가를 해결해야 하는 것 같아.

슐리만 (손가락으로 안쪽을 가리키며) 어? 저기! 뭔가 있는 것 같은데?

아멜리아 응. 안으로 들어가 보자!

슐리만이 가리킨 방향으로 걸어가자, 거대한 벽과 몰입 미로에 관한 설명이 쓰인 팻말이 보인다.

역할극을 따라 하면서 몰입을 학습할 수 있어요.

아멜리아 (눈이 안 보이는 헬렌에게 설명하며) 여기 몰입 미로가 있어. 우리 이 거대한 미로를 통과해야 나갈 수 있나 봐.

헬렌 정말? 미로라면 앞이 안 보이는 내가 더 잘할 수 있어. 나는 눈 대신 다른 감각이 민감하거든. 우리 한쪽 벽을 짚으면서 미로에 집중해 보자!

슐리만 (헬렌 뒤에서 벽을 짚으며) 좋아!

친구들은 미로를 헤매다가 몇 번의 반복 끝에 미로를 통과한다.

슐리만 (안도하며) 휴, 드디어 나왔다!

헬렌 (웃으며) 역시 반복 학습이면 안 될 게 없지!

마스터 송 거대 미로를 통과하다니! 모두 집중력이 좋군요. 이제 여러분 앞에는 틀린 그림 찾기, 끝말잇기, 퍼즐 맞추기 문제가 있습니다. 각자 문제를 풀며 집중력을 길러 보세요. 문제를 다 풀면 앞에 있는 벨을 누르면 됩니다.

아멜리아가 틀린 그림 찾기, 슐리만이 끝말잇기, 헬렌이 퍼즐 맞추기를 나누어 맡는다. 마스터 송이 '시작!'이라고 외치자, 성안의 벽이 움직이면서 친구들이 서로를 보지 못하게 막는다.

역할극을 따라 하면서 몰입을 학습할 수 있어요.

헬렌
(걱정스러운 목소리로) 이게 무슨 소리야?

 슐리만
(깜짝 놀라며) 앗, 서로 보이지 않는 거야?

 아멜리아
각자 자기 문제에만 몰입하라고 벽으로 가렸나 봐!

친구들은 각자 집중력 문제를 풀고 아멜리아가 제일 먼저 벨을 누른다.

삑!

 슐리만
(놀라며) 벌써 다 풀었어?

 아멜리아
(자신만만하게) 응! 집중력이 점점 높아지는 것 같아.

 헬렌
(손끝의 감각으로 퍼즐을 섬세하게 맞춘 다음) 나도 끝!

마지막으로 슐리만이 벨을 누르자, 세 사람 사이의 벽이 사라진다.

 마스터 송
(박수 치며) 모두 훌륭합니다. 이제 향상된 집중력으로 정말 하고 싶은 일에 몰입해 보세요. 내가 하고 싶은 것은 무엇인지, 몰입해서 이루고 싶은 꿈은 무엇인지 생각하면서 오른쪽 방으로 들어가세요.

역할극을 따라 하면서 몰입을 학습할 수 있어요.

친구들은 오른쪽 방으로 들어가고, 방 안에는 팻말과 헬멧이 있다. 아멜리아가 큰 소리로 팻말의 글을 읽는다.

몰입 미션

1. 여러분이 하고 싶은 일을 방 안에서 찾아보세요.
2. 헬멧을 쓰고 여러분이 하고 싶은 일을 하면서, 15분 동안 몰입을 유지해 보세요.

슐리만

(당황하며) 헬멧을 쓰고 하고 싶은 일에 몰입하라고?

아멜리아

헬멧으로 내가 집중해서 몰입하고 있는지 알 수 있나 봐.

헬렌

(갸웃하며) 흠, 나는 글을 쓰고 싶은데, 이곳에 점자 타자기도 있을까?

아멜리아

(점자 타자기를 건네며) 헬렌, 여기 있어! 방 안에 다양한 물건들이 있는 것 같아.

친구들은 헬멧을 쓰고, 각자 하고 싶은 일에 몰입한다. 몰입한 지 10분이 지났을 때, 갑자기 불빛이 반짝인다.

마스터 송

(날카롭게) 슐리만, 다른 생각을 했군요.

역할극을 따라 하면서 몰입을 학습할 수 있어요.

슐리만

(미안한 표정으로) 얘들아, 미안해. '혹시 나가지 못하면 어쩌지?'라는 걱정이 떠올랐어.

헬렌

괜찮아. 우리 다시 집중하자.

아멜리아

(웃으며) 그래도 우리 10분 동안 잘 집중했는걸? 조금만 더 몰입하면 돼!

슐리만

(고마운 표정으로) 알겠어!

친구들은 다시 집중한다. 마침내 15분이 흐르고 '덜컥!' 소리와 함께 문이 열린다.

마스터 송

(즐거운 목소리로) 정말 대단하군요! 집중력이 최고 수준에 도달해 몰입을 완성했어요. 여러분은 이제 성에서 나갈 수 있습니다.

아멜리아

(안도하며) 정말 다행이야.

슐리만

외계인이 남긴 유적은 못 찾았지만, 더 좋은 경험을 했어!

헬렌

(고개를 끄덕이며) 맞아. 지금 배운 대로 몰입을 꾸준히 유지해야겠어!

역할극을 따라 하면서 몰입을 학습할 수 있어요.

마스터 송

하인리히
슐리만

아멜리아
에어하트

헬렌 켈러

미션 가이드

※ E-CLIP 미션의 문제에는 여러 가지 답이 나올 수 있습니다. 본 미션 가이드는 참고용으로 활용하시길 바랍니다.

※ 교사용 개념과 지도 가이드가 포함된 교사용 PDF는 다산전인교육캠퍼스 홈페이지(www.dasaneducation.co.kr)에서 교사 인증 후 신청하실 수 있습니다.

1차시

18쪽
- (예시) 재미있는 영화에 푹 빠져서 보다가 들고 있던 팝콘을 하나도 먹지 않은 채, 영화가 끝난 적이 있다. / 놀이공원에 가서 시간 가는 줄 모르고 놀았다.

19쪽
- 나쁜 몰입, 좋은 몰입, 좋은 몰입
(예시) 민아가 자신이 해야 하는 학교 숙제마저 미루고, 순간의 즐거움을 위해 게임에 빠진 것은 불필요한 몰입으로 나쁜 몰입이다. 반면 지호와 유미는 자신이 이루고 싶은 꿈을 위한 활동에 집중하고 있으므로 좋은 몰입이다.

20쪽
- (예시) 몰입이 끊겼던 경험 : 숙제를 하고 있었는데, 스마트폰의 게임 알림을 보고 스마트폰 게임을 했다.
몰입 방해 요소 : 스마트폰의 게임 알림이 몰입을 방해했다.
방해 요소를 없앨 방법 : 앞으로 공부할 때에는 스마트폰은 잠시 꺼둘 것이다. / 내가 해야 할 일에 집중해서 끝내는 습관을 들일 것이다.

21쪽
- ③ 연습

22쪽
- (예시) 내가 몰입하고 싶은 것 : 책 읽기, 글쓰기
몰입으로 이루고 싶은 꿈 : 소설가
오늘 : 소설책 읽기
한 달 : 독후감 쓰기
1년 : 일기, 시, 단편 소설 등 글쓰기 연습하기
10년 : 장편 소설 쓰기

2차시

26쪽
- (길잡이) 집중의 중요성을 알려 주는 집중 5계명을 읽으며, 집중에 관해 생각해 보세요.
- (예시) 책 읽기, 배드민턴 치기, 야구 경기 보기

27쪽
- 1. 17마리
2. 4마리

28쪽
- (예시) 기도, 도돌이표, 표범, 범인

29쪽

-

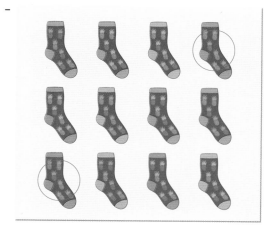

30쪽

- (예시) 옛날 옛날에, 전라도 곡산의 관리인 정약용은 곡산 주민인 최주변 살인 사건의 수사를 맡는다. 최주변은 같은 주민 민성주가 휘두른 칼에 발목을 찔린 후 죽었다고 한다. 하지만 정약용이 수사를 열심히 해서 최주변의 버선에 피는 묻어 있지만, 버선은 찢어지지 않았다는 걸 밝혀냈다. 그리고 추리의 추리를 거듭한 결과, 상처의 모양으로 보아 일부러 낸 것이 아니었고, 연이어 공격을 입은 흔적이 없었다. 따라서 민성주는 최주변을 실수로 죽인 것이다. 정약용은 뛰어난 관찰력과 집중력으로 억울한 사람 없이 사건을 해결했다.

3차시

34쪽

- (예시) 몰입하고 싶은 일 : 다음 주에 있는 배드민턴 대회에서 1등 하고 싶다.
1단계 : 우선 혼자서 벽에 셔틀콕을 치는 연습을 한 다음, 친구와 같이 주고받는 연습해야지.

2단계 : 조급한 마음을 없애면 난 충분히 잘할 수 있어!
3단계 : 실제 경기라고 생각하고 시작부터 똑같이 연습해 보자. 서브 순서와 위치를 기억해야겠어.
4단계 : 점수가 지고 있어도 언제든 뒤집을 수 있으니 끝까지 최선을 다하자.

35쪽

- (예시) 5단계 : 지금은 다른 건 신경 쓰지 않고 배드민턴 연습에만 집중해야지!
6단계 : 배드민턴이 잘 안될 때는 10분 정도 음악을 들으며 쉬어야겠어.
7단계 : 오늘 6시까지 내가 원하는 방향으로 셔틀콕 100개를 쳐 보자.
8단계 : 강하게 날아오는 셔틀콕을 받을 때 걸음이 느리네. 미리 준비하고 있다가 더 빨리 움직여야겠어.
9단계 : 졸리지만 오늘 하기로 한 배드민턴 연습은 꼭 다 해낼 거야!
10단계 : 내 예상대로 강한 셔틀콕이 많이 날아오네. 연습을 많이 해서 어려운 셔틀콕도 쉽게 받을 수 있겠어.

36쪽

- (예시) 할 일 : 수학 숙제하기
목표량 : 수학 20문제 풀기
시작 시각~완료 시각 : 오후 4시~6시
멈추게 하는 생각 : 졸리다, 귀찮다
멈추고 한 행동 : 엎드려서 잠에 들었다.
멈추게 한 상황 : 어제 게임을 하느라 늦게 자서, 공부를 하려니까 너무 졸렸다.
포기 시간과 횟수 : 30분, 1회

37쪽
- (예시) 햇볕 좋은 날 나무 그늘에서 돗자리를 깔고 내가 좋아하는 책을 쌓아 두고 읽는 모습을 그린 그림
- (길잡이) '아니요'를 선택한 경우, 어떤 방해 요소가 있었는지 떠올려 보세요.

38쪽
- (예시) ㉮ 소설책 읽기, ㉯ 수학 공부, ㉰ 나만의 소설 쓰기, ㉱ 내 방 정리하기
- (예시) 1. 실제로는 직접 경험할 수 없는 일들을 소설 속에서 간접적으로 경험하니까 재미있고 신난다.
2. 왜 해야 하는지 잘 모르겠고, 지루하다.
3. 언젠가 꼭 해 보고 싶은 일이라 기대된다. 하지만 잘할 수 있을지 걱정스럽다.
4. 다른 사람이 대신 해 줬으면 좋겠고, 귀찮다.

4차시
42쪽
- 《목민심서》는 백성을 위해 살겠다는 제 꿈을 담은 책으로, 그 마음이 몰입을 방해하는 요소들을 없애고 스스로 몰입을 관리할 수 있게 했습니다.

43쪽
- ㉮ 백성, ㉯ 사랑

44쪽
- (예시) 정약용은 관리가 되지 못하고, 《목민심서》 같은 책도 못 썼을 것이다.
- (예시) 백성들의 어려움을 꼼꼼히 살펴 하나하나 기록하고, 백성들에게 무엇이 잘못되었는지 설명해 주었을 것이다.

45쪽
- (예시) 1. 순간의 즐거움에 휘둘리지 않고 이루고자 하는 일에 빠져드는 것이다.
2. 내 꿈을 이루어 줄 것이다.
3. 하루하루가 매우 알차고 행복할 것이다.
- (예시) 어제와 다른 나, 내 꿈을 향한 첫걸음, 유혹을 이겨내는 힘

46쪽
- (예시) 몰입은 '무언가에 완전히 빠져들어 긴 시간이 짧게 느껴지거나, 짧은 시간이 길게 느껴지는 경험'이에요. 내 꿈을 위한 일에 몰입한다면, 그 일이 게임이나 영화처럼 시간 가는 줄 모르고 하는 일이 될 거예요! 모두 몰입의 세계로 '풍덩' 빠져 보세요.
-(예시) 프로그램 이름 : 미션! 수학 탈출
목적 : 몰입을 통해 수학 문제를 재미있게 푼다.
효과 : 문제를 푸는 속도가 빨라진다. / 수학에 대한 두려움이 줄어든다.
설명 : 수학 문제를 10개씩 묶어서 펼쳐 놓고, 10개를 풀 때마다 미션 도장을 찍으면서 수학 문제를 해결하는 프로그램이다. 총 40문제를 모두 풀면 수학 문제 풀이에 시간이 가는 줄 모르고 즐기는 몰입을 완성할 수 있다.

세계 위인과 함께 해결하는 E-CLIP 미션 대탐험

학습 만화 《who?》의 세계 위인과 함께 미션을 해결하는
12권의 '감성적 창의 주도성' 향상 프로그램!

E-CLIP 구성

권	주제	각 권 대표 위인	이야기 속 위인
1	동기	알렉산더 플레밍	에이브러햄 링컨, 찰스 다윈, 레이철 카슨
2	인지	레이철 카슨	레오나르도 다빈치, 리처드 파인먼, 마리아 몬테소리
3	인지 심화	마리아 몬테소리	토머스 에디슨, 오리아나 팔라치, 루트비히 판 베토벤
4	동기 심화	루트비히 판 베토벤	마하트마 간디, 버지니아 울프, 정약용
5	몰입	정약용	하인리히 슐리만, 아멜리아 에어하트, 헬렌 켈러
6	자아존중감	헬렌 켈러	알베르트 슈바이처, 신사임당, 스티브 잡스
7	창의성	스티브 잡스	헬렌 켈러, 알렉산더 플레밍, 스티브 잡스
8	창의성 심화	알베르트 아인슈타인	스티브 잡스, 레이철 카슨, 알베르트 아인슈타인
9	감성	마더 테레사	알베르트 아인슈타인, 루트비히 판 베토벤, 마더 테레사
10	감성 심화	월트 디즈니	마더 테레사, 정약용, 월트 디즈니
11	사회성	세종 대왕	월트 디즈니, 마리아 몬테소리, 세종 대왕
12	사회성 심화	마하트마 간디	세종 대왕, 마하트마 간디

* E-CLIP / 대상 초등학교 전 학년 / 책 크기 200 X 260 / 각 권 쪽수 70쪽 내외
* who? / 대상 초등학교 전 학년 / 책 크기 188 X 255 / 각 권 쪽수 180쪽 내외